Masques
VS
Pas masques

©2020. EDICO
Édition : JDH Éditions
77600 Bussy-Saint-Georges. France
Imprimé par BoD – Books on Demand, Norderstedt, Allemagne

ISBN : 978-2-38127-080-7
Dépôt légal : octobre 2020

Le Code de la propriété intellectuelle n'autorisant, aux termes de l'article L.122-5.2° et 3°a, d'une part, que les « copies ou reproductions strictement réservées à l'usage privé du copiste et non destinées à une utilisation collective », et d'autre part, que les analyses et les courtes citations dans un but d'exemple et d'illustration, « toute représentation ou reproduction intégrale ou partielle faite sans le consentement de l'auteur ou ses ayants droit ou ayants cause est illicite » (art. L. 122-4).
Cette représentation ou reproduction, par quelque procédé que ce soit constituerait une contrefaçon sanctionnée par les articles L. 335-2 et suivants du Code de la propriété intellectuelle.

Jean-Jacques Erbstein

Masques

VS

Pas masques

Mathieu Ning

JDH Éditions
Collection Versus

Préface
Par Jean-David Haddad, Professeur Agrégé de sciences économiques et sociales.
Président-fondateur de JDH ÉDITIONS.

Septembre 2020. La société française est traversée par des tensions. Non entre patrons et salariés. Non entre fachos et gauchos. Non entre gilets jaunes et gilets bleus. Mais entre pro-masques et anti-masques. Combien d'incidents, de cas de violence en cette fin d'été ? Un chauffeur de bus pro-masque a perdu la vie à Bayonne sous les lâches coups des anti-masques. Il était temps de porter le débat avec des plumes et non avec des armes.

En tant qu'éditeur, je me devais non pas d'informer nos lecteurs de manière partiale, mais de manière impartiale. Comment pouvais-je le faire ? En ressuscitant le débat écrit. Celui que vous ne zapperez pas. Celui dont vous ne direz pas avec approximation : « j'ai entendu un médecin à la télé qui disait que le masque pouvait contenir des virus ». Quel médecin ? Quels arguments déjà ? Avez-vous enregistré ledit débat ? Non. Votre cerveau, comme le mien, fera très vite des approximations, dans le sens qui vous arrange.
Le seul débat qui vous aidera à vous situer, est le débat écrit. Celui dans lequel vous pourrez vous plonger trois semaines après l'avoir lu pour y retrouver les arguments qui vous auront interpellés préalablement.
J'ai choisi deux grands auteurs pour vous offrir ce débat dont vous avez besoin : dans mon coin gauche, Jean-Jacques Erbstein, médecin généraliste pro-masque ; dans mon coin droit, Mathieu Ning, diplômé en psychologie cognitive et ingénieur d'étude en sciences humaines, anti-masque. Chacun avec sa plume ! Vous

déciderez qui a gagné. Vous déciderez si c'est un match nul. Un livre qui fera date ; et qui, dans tous les cas, et par les quatre plumes qui l'écrivent, s'accorde à dénoncer la gestion catastrophique de la crise sanitaire.

OUI AUX MASQUES !
Pamphlet.
Par le Docteur Jean-Jacques Erbstein, auteur de « Je ne pouvais pas les laisser mourir » (JDH Éditions).

Versailles, 1789
« - Le peuple a faim, majesté, il veut du pain !
- Qu'on lui donne de la brioche ! »

À l'aube de la Révolution, ce dialogue probablement apocryphe attribué à la reine Marie-Antoinette échangeant avec l'une de ses suivantes, aurait aussi très bien pu se dérouler de nos jours à l'Élysée. On retrouverait ainsi en conciliabule le président Macron et son ministre de la santé. Seulement, nous serions cette fois en pleine crise sanitaire liée au coronavirus. Avec naturellement, quelques modifications sémantiques tout en gardant toujours le même esprit de naïveté méprisante.

Paris, 2020
« - Le peuple a peur, Monsieur le Président, il veut des masques !
- Qu'on lui donne Sibeth ! »

Pauvre Sibeth Ndiaye jetée alors en pâture à une population incrédule. Le peuple français se retrouvant du jour au lendemain propulsé dans la plus improbable des séries B de fins de soirée d'une chaîne de la TNT. Un virus mortel ! Tout le monde enfermé. Comme pendant les grandes épidémies de peste noire. Comme les cardinaux élisant un pape. En conclave. Inquiets, coincés entre quatre murs. Les enfants sortis des écoles. Les facs fermées. En télétravail pour les plus chanceux, au chômage partiel pour d'autres, à leur poste de besogne pour les plus indispensables. La France a peur et guette les dernières nouvelles diffusées par des chaines d'infos en continu qui se gargarisent de la moindre parcelle de scoop médical distillée par des médecins à paillettes.

Vraiment, pauvre Sibeth, obligée de porter une doxa gouvernementale totalement opaque, contradictoire et incompréhensible. Pataugeant dans des tentatives d'explications alambiquées frisant souvent le ridicule.

L'histoire retiendra que le peuple voulait des masques et qu'il eut Sibeth !

Avec en prime, le croque-mort en chef de la Direction Générale de la Santé égrenant de sa voix spectrale et monocorde des statistiques brutales qui finissaient par tomber dans la sauce bolognaise des pâtes du diner, pour disparaître ensuite dans l'oubli de l'ennui. Alors que le gouvernement comptait les morts, les Français n'avaient qu'une seule revendication. « Du pain ! », criait le peuple révolutionnaire en famine, « Des masques ! », répondaient en écho les Français de 2020.
Des masques ? Encore eût-il fallu qu'il y en ait. Et pourtant, il aurait été si courageux de révéler la vérité à ce moment-là.
Parce qu'aujourd'hui, en prenant un peu de recul, on s'aperçoit que par l'entremise de sa porte-parole, jamais le gouvernement n'a eu le cran d'avouer que la situation était totalement désespérée en matière de protection individuelle. Jamais le gouvernement n'a voulu clairement répondre aux médecins demandant des explications sur la pénurie du plus essentiel des barrages antiviraux. Jamais le gouvernement n'a cru bon apporter des réponses honnêtes et cohérentes aux inquiétudes légitimes des Français, préférant mentir ou plutôt calfeutrer la vérité. Les masques ? Patientez braves gens, ils sont en route. On les entrevoit. On les

attend. On les espère. Bientôt...

« - Anne, ma sœur Anne, ne vois-tu rien venir ?

- Je ne vois que Sibeth qui plussoie et Salomon qui rougeoie. »

Parce que des masques, il n'en y avait pas. Ou trop peu. Ou plus du tout. Ou pas pour tout le monde. Un petit malin à la plume économe n'avait pas cru bon renouveler les stocks stratégiques. Le gouvernement peu prévenant n'avait pas non plus réagi assez rapidement. Et le peuple, les médecins, les infirmières, les malades eurent beau en demander, bien qu'on les eût régulièrement promis, tout comme l'Arlésienne, on en entendit beaucoup parler sans en voir vraiment la couleur.

Les Français eurent alors la désagréable impression d'être livrés à eux-mêmes sans protection ni pour eux, ni pour leur soignant. Les médecins cachaient leur maigre trésor de masques FPP2 dans des coffres forts, de peur des cambriolages, tant cet accessoire pourtant anodin de la panoplie d'un soignant était devenu une denrée rare.

La population, dans des élans de générosité, distribuait des protections à des professionnels de santé désœuvrés et épuisés.

Quelle gabegie ! L'évidence était pourtant élémentaire. Des masques pour tout le monde auraient probablement permis d'éviter des morts et surtout de se passer de ce confinement moyenâgeux dont les conséquences néfastes à la fois économiques, médicales et psychologiques se révèlent déjà. Les pays asiatiques l'avaient bien compris et rapidement mis en action.

Alors, comme il n'y avait pas de masques, il ne restait qu'à croire Sibeth qui les promettait.

« Les promesses n'engagent que ceux qui les écoutent », disait avec une prudence toute radicale, Henri Queuille. Le gouvernement actuel, en cynique hommage aux précédents et aux prochains, devrait faire graver en lettres d'or cette belle citation sur le fronton de l'Élysée.

Je ne tiens pas à faire du poujadisme facile teinté d'une démagogie vomitive. Cependant, force est tout de même de constater que la gestion politique de cette crise aura été un modèle d'impéritie menant à la banqueroute collective d'un état que l'on espérait stratège mais qui s'est juste avéré bricoleur juste bon à connaître les Fourches Caudines.

Allez, on oublie tout. Ce n'était pas si simple. On peut faire preuve d'un peu de compréhension patriotique pour ces femmes et ces hommes politiques qui ont fait ce qu'ils pouvaient. Et malgré les « Y'a qu'à, faut qu'on », pas sûr que d'autres eussent fait mieux.

Ainsi, si on oublie vraiment tout, était-il donc primordial que je rappelle encore plus haut la débâcle des autorités sanitaires laissant des professionnels de santé aller affronter ce virus sans protection ? Était-il nécessaire d'évoquer à nouveau ce confinement brutal, établi à la va-vite, uniquement instauré pour protéger notre système de santé, autoproclamé le meilleur du monde, qui menaçait de s'effondrer devant l'afflux de patients suffocants ? Était-il charitable de se souvenir de ces malades porteurs probablement du virus, de ces caissières, de ces flics, de ces chauffeurs de bus, de trains, de métros, de ces agents de tous les services nécessaires au bon fonctionnement de notre pays, allant courageusement au travail, mais à qui nous étions incapables de fournir un masque ? Enfin, était-il réellement important de se repasser en boucle les interventions télévisées de la porte-parole du gouvernement affirmant avec certitude que les masques n'étaient pas utiles et que d'ailleurs, à moins d'être Nobel en physique quantique, il était impossible de s'en servir et qu'elle-même en serait bien incapable ?

L'histoire jugera comme il est coutume de dire. Alors, laissons aux futurs historiens l'écriture ou la réécriture de cette crise en apportant leurs analyses qu'on pourra simplement espérer dénuées de toute passion idéologique.

Donc, on oublie tout et on se cantonne dans le présent. Cessons de ressasser ce curieux passé qui a vu s'affronter les thèses complotistes les plus aberrantes contre le bon sens élémentaire, des hommes de science assénant des âneries abyssales contre des médecins circonspects et essayons uniquement de nous souvenir de tous ces pauvres gens qui méritaient de vivre mais qui ont été fauchés par un virus hélas désespérément prévisible et dont on aurait pu éviter la mort si une vraie politique de protection individuelle avait mis rapidement en route.

Je veux bien tout oublier et tourner la page. Néanmoins, permettez-moi quand même de ne pas faire tomber aux oubliettes le nom des confrères, de tous les professionnels de santé qui, au pire sont morts au combat, au mieux n'ont été que contaminés parce que les masques attendus ne sont jamais parvenus à destination.

Pardonnez-moi cette longue entrée en matière. Mais il me paraissait nécessaire de bien rappeler qu'à une époque pas si lointaine, les masques étaient devenus aussi convoités que le Saint Graal. En porter un, s'apparentait à un rare privilège, en posséder une boîte, une manne exceptionnelle, l'alpha et l'oméga, un truc aussi précieux que le trésor des Incas et qu'on se serait écharpé comme des chiffonniers pour en récupérer ne serait-ce qu'un vieux périmé ! Comme quoi. « Ô tempora, Ô mores », disaient nos grands anciens. Autres temps, autres mœurs, mais n'anticipons pas, quittons Rome et revenons dans le présent.

Alors, aujourd'hui où en sommes-nous ? On fige le temps et on observe. Le virus est encore bien entendu présent. Présent dans nos vies, dans nos conversations et dans nos projets. L'épidémie menace de se réactiver insidieusement. Les services de réanimation sont prêts et les experts des plateaux TV aiguisent, nimbés de leur docte assurance, leurs propos alarmistes pour les uns, rassurants pour les autres, mais gonflés de certitudes infatuées pour tous.

En fait, les certitudes sont encore une fois fragiles et dangereuses. Quand on examine posément avec discernement nos connaissances, on s'aperçoit que certes de niveau zéro, nous sommes arrivés à un début d'embryon de savoir, mais qu'en réalité, nous ne savons pas grand-chose.

Médecin généraliste de terrain dans le Grand Est, j'ai pris, comme d'autres confrères, l'épidémie de plein fouet. Pendant cette sale période, il a fallu gérer. Apprendre. Comprendre. Et essayer de soulager. Et puis, j'ai rencontré la détresse des familles ayant le sentiment d'avoir été abandonnés, ceux qui ne purent honorer correctement leurs morts, j'ai dû assumer ma décision de tenter de traiter les patients symptomatiques. Ensuite, encaisser les insultes violentes et désobligeantes issues non seulement des confrères adeptes quasiment fanatiques de la médecine fondée sur les preuves mais aussi venant des non-initiés vouant une admiration sans faille au divin barbu marseillais et à son hydroxychloroquine réputée magique. Heureusement, il y a aussi eu les chauds remerciements des patients guéris contrebalançant largement les sarcasmes crétins des adeptes du complot illuminati-reptilo-sioniste.

Cependant, malgré l'expérience acquise au cours de ces semaines vouées à l'étude nocturne des publications internationales, à la lutte au corps à corps comme dans les tranchées, à la quête obsessionnelle d'une forme de compréhension de cette machinerie virale infernale, je m'étonne encore de la nébuleuse d'interrogations médicales qui entoure à ce jour ce virus.

Pourquoi certains patients ont développé des anticorps alors que d'autres, ayant pourtant un test positif de recherche de la Covid par PCR, restent a priori non immunisés ? Pourquoi sommes-nous incapables de savoir si ces anticorps sont protecteurs ou pas ? Pourquoi nous posons-nous encore la question sur d'éventuelles ré-infestations ou recontaminations ? Pourquoi chez des patients totalement asymptomatiques, on découvre avec surprise des signes de Covid sur des images de scanner pulmonaire ? Pourquoi des personnes vivant au quotidien avec des membres de leur famille touchés par la maladie, ne l'ont pas contractée ? Pourquoi, toujours aujourd'hui, les tests de dépistage ne sont pas vraiment très fiables et faut-il encore attendre presque deux jours pour avoir les résultats ? Pourquoi des patients infectés présentent, des mois après les premiers symptômes typiques du coronavirus, la persistance d'un état général de mauvaise qualité avec une insupportable rémanence de troubles rendant leur vie difficile ?

Bref, si on observe l'arrêt de notre image actuelle, projetée sur un écran pour l'étudier, on réalise avec une forme d'angoisse parfois amusée, qu'on ne sait rien. Ou vraiment pas grand-chose.

Mais alors ? Que se passe-t-il dans notre monde hyperconnecté où la moindre information fait le tour du monde en un clignement d'œil ? Pourquoi les grands médecins internationaux sont-ils aussi honteusement mis en échec ? Il n'y a vraiment toujours pas de traitements validés par de sérieuses études ? En cas de retour de l'épidémie, faudra-t-il encore se contenter du traitement par paracétamol ? Les vaccins promis sont encore à leur balbutiement, quand seront-ils disponibles ?

Les Français ont du mal à accepter que la science médicale, qu'ils croyaient toute puissante et omnisciente soit incapable de répondre à leurs interrogations. D'autant que le spectacle affligeant des chamailleries entre pontes de plateau a détruit la confiance immarcescible que les Français avaient dans leur médecine. Jusqu'alors, les médecins représentaient pourtant le dernier bastion de respectabilité.

Pour les grincheux, les autres corps de métiers sont tous des pourris ou des vendus : les avocats, les sportifs, les journalistes, les chefs d'entreprise. Les médecins demeuraient la seule corporation provoquant une admiration mêlée de considération. Devenir médecin reste encore actuellement l'un des moyens les plus sûrs, mais aussi l'un des plus difficiles, de prendre l'ascenseur social et de s'élever dans la hiérarchie de classe. Pas sûr que les grands-mères pousseraient désormais avec fierté leurs petits-enfants à se lancer dans ces longues études. Aujourd'hui, les médecins de terrain, ceux qui ont vraiment été en contact en première ligne avec la maladie, demeurent applaudis, alors que les grands patrons qui se sont pavanés sous les sunlights ont beaucoup perdu de leur superbe.

Mais, revenons à notre propos. Le confinement est levé. Les Français ont été raisonnables et, dans leur grande majorité, très respectueux des mesures imposées. La peur du gendarme et des amendes encourues, a dû aussi y être pour quelque chose. Alléluia ! La circulation virale s'est enfin ralentie. Le nombre d'hospitalisés est en forte baisse. Les décès décroissent. Au bout de près de deux mois pénibles et douloureux pour les uns, mais bénéfiques pour d'autres, l'arrêt de l'enfermement est décrété. Les gens ressortent de chez eux, retrouvent goût à la vie d'avant et prennent le chemin des bars et du travail. L'économie repart doucement malgré les milliers de destructions d'emplois annoncées.
Mais, à ce moment, afin d'éviter de nouvelles contaminations, les stocks de masques étant enfin reconstitués, n'aurait-il pas été judicieux d'imposer immédiatement cette protection pour tous et partout ?
Encore une fois, les mesures prises ont été du tripatouillage d'amateurs avec un discours gouvernemental totalement incompréhensible et inaudible. Des manifestations, des regroupements ont été tolérés. Sous la pression de lobbies, des autorisations étonnantes d'ouverture de lieux à un public, non ou vaguement masqué, ont été données. Bref, comme souvent en France, on a beaucoup palabré, on s'est beaucoup plaint, on a menacé de reconfiner, on a fait aux uns et aux autres de jolies promesses contradictoires, tout en refusant d'écouter les messages de mise en garde des oiseaux de mauvais augure qui prophétisaient un possible retour de l'épidémie.

Et, pendant ce temps-là, le virus a profité avec gourmandise de la liberté des vacances pour se faufiler malicieusement dans les valises de ceux qui rentraient à leur domicile, après avoir joui d'un bonheur de plaisir retrouvé, suite à la claustration imposée.

Les hommes, dans leur très grande majorité, détestent la solitude et goûtent allègrement à l'esprit grégaire. On vit ensemble. On aime ensemble. On pleure ensemble. On gueule ensemble. On travaille ensemble. On manifeste ensemble. On meurt ensemble. On joue ensemble. On se contamine ensemble.

D'ailleurs, après ce confinement évidemment durement vécu par beaucoup, il était impossible de serrer encore la vis sans provoquer un ras-le-bol général pouvant amener à des extrémités dangereuses. Et naturellement, ce qui devait arriver, arriva. La circulation virale se réactiva. Comment a-t-on pu penser qu'il suffisait d'annuler en urgence des festivals, des manifestations culturelles, des regroupements de populations, soit dit en passant jamais vraiment respectés, pour contrôler un virus ?

Un virus ne vole pas dans l'air comme une escadrille de moustiques voraces plongeant sans pitié sur une population regroupée. Un virus, et en l'occurrence le SARS-CoV-2, ne se transmet que par voie interhumaine, uniquement par les gouttelettes de salives infectées. Ou par aérosolisation dans un espace renfermé. Alors, comment se protège-t-on de cette transmission ? Soit en vivant seul comme un moine bouddhiste dans une ancienne léproserie à Lhassa, soit en claquemurant encore la population, soit, évidemment, si on veut continuer à partager cet indispensable « vivre ensemble », en portant un masque.

Et des masques, cette fois, il y en a. Des millions. Pour tout le monde. De toutes les couleurs. De toutes les formes. À tous les prix. En tissus ou chirurgicaux. Même des tant convoités FFP2. Le masque devient aussi un accessoire de mode.

Donc, cette fois, il y en a ! Mais, comme souvent en France, pays

des râleurs impénitents, un nouveau proverbe a vu le jour : « *Pénurie de masques, on nous confine, je veux retrouver ma liberté ! Abondance de masques, on nous oblige à les porter, je veux toujours ma liberté !* »
Liberté. Liberté chérie. Liberté, si chère à Éluard, en ton nom, même écrite sur des cahiers d'écoliers, combien de bêtises avons-nous commises ?

Ceux qui brandissent comme un étendard leur spoliation de liberté, feraient mieux de s'intéresser un instant aux règles de base régissant la transmission virale, tout en évitant d'écouter les charlatans qui inondent avec perversion les réseaux sociaux de bêtises totalement ineptes, flirtant dangereusement avec les plus extrêmes et dangereuses des positions.
J'ai tout lu, tout entendu. Avec étonnement. Désarroi souvent. Amusement aussi.
Les anti-masques sont les cousins germains des anti-vax. Ceux qui sont persuadés qu'une vaccination, c'est le mal, c'est satanique ! C'est du poison chimique qu'on inocule à de pauvres enfants qui ne peuvent pas ainsi développer leur immunité naturelle. Ils s'accrochent à des théories fumeuses portées par des scientifiques en mal de reconnaissance ou en rupture de ban, laissant leur progéniture sans protection immunologique, avec le risque de contracter des maladies qu'on croyait oubliées, comme la rougeole, ou pire, en contaminant allégrement leur entourage.
Parce que la vaccination ne sert pas uniquement à se protéger égoïstement. C'est un acte altruiste. Un réflexe d'humanité. Un acte militant et citoyen.
La vaccination, en fait l'immunologie, est une science jeune. Elle date de Jenner et de la variole, à la fin du XVIIIème siècle. On dit classiquement que la découverte des vaccins a été aussi importante pour la survie de l'humanité que l'eau potable. Et en médecine générale, depuis l'obligation vaccinale, de nombreuses pathologies pédiatriques dramatiques ont disparu de nos salles

d'attente. Voilà des années que je n'ai plus vu de méningite, les pneumonies sont devenues aussi rares. La polio a été quasiment éradiquée de la planète. Tout comme la variole. Alors, ceux qui pensent que la vaccination est inutile, feraient mieux d'ouvrir les livres d'histoire de la médecine et de lire avec effroi les témoignages désespérant des anciens médecins voyant mourir des gamins de pathologie qu'on sait aujourd'hui prévenir.

Mais non ! Ce discours de bon sens et d'humanité reste illisible pour les anti-vax irresponsables qui colportent des rumeurs infondées sur des hypothétiques effets indésirables bizarres, des idées rétrogrades sur des complots dirigés par des sociétés secrètes, des gouvernements mal-attentionnés ou des holdings pharmaceutiques aux actionnaires gloutons. Leurs élucubrations mettent hélas en jeu la vie d'autrui, intimement convaincus qu'ils sont de la pertinence de leur position totalement scientifiquement indéfendable. D'ailleurs, malgré la peur engendrée par cette pandémie, je suis à la fois atterré et stupéfait de m'apercevoir que si un vaccin était disponible, certains le refuseraient, pensant d'une bonne foi ridicule et naïve, qu'il contiendrait des nanoparticules permettant aux Chinois de nous surveiller sous l'œil complice des GAFA et naturellement avec la protection sournoise de Big Pharma.

On nage en plein délire complotiste mâtiné d'une idéologie à la mode, prônant le retour à la nature et exclusivement aux médecines dites douces en refusant systématiquement une allopathie synonyme de chimie empoisonnée. Je ne suis évidemment pas du tout opposé à cette volonté de prendre en charge son corps de façon naturelle en suivant les principes élémentaires du bien-être. Mais, cette façon de vivre doit rester alternative. On peut se faire du bien en ayant un juste comportement alimentaire, en se nourrissant de bons légumes issus d'un potager, sans faire appel aux aliments transformés, en adoptant une bonne et saine hygiène de vie, tout en suivant les recommandations de la médecine moderne. Encore une fois l'équilibre, l'homéostasie est de mise dans la bonne régulation de sa santé.

Alors, si les anti-vax sont toxiques et dangereux, les anti-masques sont du même acabit. Sérieusement, comment peut-on se proclamer « anti-masques » ? Il n'y a pas de pro ou d'anti-masques, seul le bon sens intelligent doit emporter la partie.

Mais, avant de reprendre les arguties avancées par ceux qui se gargarisent l'ego en se disant « en résistance », parlons juste de ce que nous attendons d'un masque.

Le masque représente la première barrière immunologique pour se prémunir d'une infection à transmission respiratoire. Dès lors que nous n'avons ni vaccins, ni traitements, la seule attitude logique est d'appliquer des principes de prévention. Or, si nous voulons éviter un nouveau confinement, cette prévention passe immanquablement par le port d'un masque afin non seulement de se prémunir de l'infection mais surtout, dès lors qu'on a pu identifier les malades et les porteurs sains, c'est-à-dire des personnes en capacité d'en contaminer d'autres tout en étant asymptomatiques, il permet de protéger les plus fragiles. Cela devrait être un réflexe d'une élémentaire générosité. Je me protège, mais je te protège aussi. Le masque, de ce fait, devient une forme d'ersatz de vaccination tellement simple à mettre en place, sans injections et sans larmes. Pour preuve, malgré de nouveaux cas détectés suite à des tests de dépistage massifs, l'épidémie ne flambe pas. Grâce aux masques, les nouveaux soubresauts de contamination semblent contrôlés, et nous ne voyons pas non plus dans nos cabinets des cas d'infections banales comme des gastro-entérites, des rhino-pharyngites ou autres viroses. Il est bon de rappeler que ces infections communes peuvent avoir des conséquences dramatiques si elles frappent un patient affaibli par de nombreuses comorbidités ou par une immunité déficiente.

Mais, n'allons pas tout jeter, les Français semblent ainsi avoir enfin compris les plus élémentaires règles d'hygiène en se lavant les mains, en respectant les gestes barrières, notamment en acceptant de porter un masque. Et pourtant, le doute s'installe sur le bien-fondé de ces mesures.

Alors donc, pour répondre aux frileux qui hésitent encore, ce masque, doit-on le porter partout et est-il utile pour tous ?
Hélas, encore une fois, la communication gouvernementale n'a pas été claire. Découper les rues en tronçons masques-free ou masques obligatoires a été une décision inconséquente. Rien de tel pour embrouiller l'esprit des gens. Il aurait fallu expliquer. Insister sur le côté altruiste de cette barrière en papier ou en tissu. Présenter des personnes âgées, des patients malades, en montrant que se masquer les protège non seulement de la Covid mais aussi d'autres infections. Persuader les Français qu'ils sont devenus des super héros généreux et protecteurs. Plutôt que de se sentir agressé par une nouvelle obligation mal vécue, il aurait été tellement plus efficace de faire en sorte que le masque se porte avec fierté. « Je porte un masque pour vous protéger », aurait dû être le mantra du gouvernement.
Et si cette communication s'était vouée à l'échec, comme souvent en France, là, il aurait été nécessaire de dégainer, de guerre lasse, l'habituelle peur du gendarme. Comme en matière de sécurité routière, où les attitudes assassines ont fini par presque disparaître à coups de flashs des radars.

Ainsi, tant que le virus rodera, décréter le port du masque obligatoire partout aurait été mieux accepté. Naturellement, sauf chez soi ou dans des endroits en pleine campagne très peu fréquentés.

Dans une grande ville, même si l'air circule partout, la concentration de personnes agglutinées dans des espaces restreints doit définitivement motiver de se masquer.

Et pour qui ? Pour tous ? Pour tout le monde bien sûr. De 11 à 99 ans. Avant onze ans, il semble que la charge virale soit faible et que le risque de contaminer son entourage familial soit très limité.

À ce stade, bien entendu, j'espère vous avoir convaincus de la nécessité de porter un masque, sinon au moins d'être parvenu à vous conforter dans votre position raisonnable. Néanmoins, la lutte est rude.

Sur les réseaux sociaux se sont organisés des groupes se revendiquant « anti-masques » ou se proclamant de mouvements de résistance. Ils bravent les autorités et jugent que le masque est inutile. Parfois même, ils tentent de casser des décisions administratives en allant devant le Conseil d'État. Ils s'appuient sur des études sortant d'un chapeau de la pire fantaisiste propagande anti-vax. J'ai lu des choses surréalistes. « Le masque va vous étouffer, vous faire mourir, vous allez respirer du CO_2 et c'est nocif, le masque accélère les contaminations, le masque tue la communication et votre immunité va devenir défaillante ».

Bon. Je préfère ne pas m'appesantir sur les raisonnements allant dans le sens d'un potentiel étouffement provoqué par les masques. Ils sont tellement idiots que je refuse de perdre mon temps et ma patience à les éclaircir. J'ai porté un masque pendant mes études dans les blocs opératoires, j'ai porté un FPP2 avec une visière pendant des heures de longues consultations sans faire de syncope. Et les chirurgiens ou les infirmières de bloc opératoire ou même les patients cancéreux immuno-déficients ne s'en sont jamais plaints. Puisque le masque est si dangereux, accepteriez-vous de vous faire opérer par un chirurgien crachant ses postillons dans votre thorax ouvert ? Et sincèrement, il est plus préjudiciable de respirer l'air pollué des grandes villes ou les relents de tabac ou la fumée de cigarette électronique que son CO2 rejeté dans un masque chirurgical qui n'épouse jamais hermétiquement la forme du visage. Enfin, ce sont des arguments tellement caricaturaux que ce serait inutile de les démonter dans plus que dix lignes de cet ouvrage.

En revanche, évoquer l'immunité est une thèse plus intéressante et nécessite une lumière patiente et précise.

L'immunité est une machinerie complexe créée pour nous protéger des agressions microbiennes extérieures et issues de notre longue évolution.

Pour faire simple, il existe deux types d'immunité : une innée et une autre acquise ou adaptative.

L'immunité innée est assez rudimentaire. Elle nous vient de notre lente évolution et de toutes les maladies que l'homme a pu rencontrer dans son parcours à travers les siècles. Ainsi, suite aux épidémies violentes de peste, une mémoire immunitaire innée s'est développée. Si notre corps rencontrait des fractions protéiques de *Yersinia Pestis*, des mécanismes se mettraient immédiatement en route pour activer des cellules protectrices.

L'autre immunité, l'acquise, est plus complexe. Elle fait appel à des cellules particulières, les lymphocytes. Certains ont maturé dans la moelle des os, d'autres dans un organe qui disparait à l'adolescence : le thymus.

Ces cellules ont été éduquées *in utero* pour savoir parfaitement différencier les cellules avec lesquelles elles vivent, c'est-à-dire les cellules du « soi » et celles venant de l'extérieur.

Dès lors qu'un agresseur, virus ou bactéries étrangères, pénètre dans le corps, ces cellules apprennent à sécréter des anticorps dirigés contre ces microorganismes. Après avoir été malade, l'organisme se débarrasse de l'intrus et par la suite, une mémoire résiduelle s'installe. Et dès lors que ce même agresseur viendrait à s'infiltrer à nouveau dans le corps, il serait immédiatement neutralisé sans que le patient tombe à nouveau malade. C'est le principe de la vaccination. Sauf que dans le cas d'une vaccination, le virus ou la bactérie injectée est désactivée empêchant ainsi au patient de développer une maladie.

Dès sa naissance, le nourrisson, petit homme en devenir, est confronté à des microorganismes extérieurs participant à développer son immunité adaptative. Les onze vaccins obligatoires y contribuent aussi. Dès son cinquième mois, le bébé perd les anticorps que sa mère lui a transmis soit par les contractions placentaires soit par l'allaitement, et devient donc plus sensible aux infections, notamment les rhinovirus (il en existe près de 100 types) et les entérovirus provoquant des rhinopharyngites ou des gastro-entérites. Vers l'adolescence, le jeune garçon (ou la jeune fille) a rencontré bon nombre de ces virus et a pu ainsi développer une bibliothèque immunologique suffisamment large pour se protéger des futurs nombreux maux viraux. Par conséquent, affirmer que porter un masque pour les adultes, se protégeant ainsi contre des virus saisonniers, affaiblirait l'immunité, est une hérésie. Puisque, en l'absence de pathologies immunodépressives sous-jacentes, les défenses sont déjà optimales.

D'autant que le masque n'est pas recommandé pour les enfants de moins de onze ans, leur permettant ainsi de bien déployer sereinement leur bouclier de protection immunologique.

A contrario, être contaminé par un autre patient non masqué et tomber malade à l'âge adulte, même en bonne santé préalable, peut avoir des effets économiques par les arrêts de travail ralentissant la bonne marche des entreprises, mais aussi, comme je l'ai dit à plusieurs reprises précédemment, par le risque de transmission à des personnes fragilisées soit par leur âge, soit par leurs comorbidités.

En conclusion, les thèses alléguées par ceux qui pensent que se rebeller contre le bon sens médical fait d'eux des « révolutionnaires » antisystème sont à balayer rapidement de la main, même par le plus mauvais étudiant en médecine de deuxième année. Seulement, ces Che Guevara à la petite semaine font beaucoup de mal à notre société. Ces spécialistes es-médecine de Facebook sèment le doute dans les esprits déjà ébranlés par tellement d'informations antithétiques relayées par les réseaux sociaux mais aussi par les chaînes d'infos continues.

Au moindre doute, il convient donc de couper internet et de se référer aux professionnels de santé sérieux qui donneront toujours une réponse cohérente, fondée sur la plus élémentaire des connaissances scientifiques.

Alors, vous êtes désormais persuadés ? Demain, quand vous installerez votre masque correctement sur votre nez, vous ne le toucherez plus et vous penserez fièrement à votre action généreuse de santé publique. Même si on ne vous verra pas sourire de satisfaction, vos yeux parleront pour vous. Vous participerez activement à la préservation de la bonne santé de nos aînés, de nos concitoyens à l'immunité déficiente, en quelque sorte, en préservant des vies, à l'humanité tout entière.

Ce n'est pas mal, juste par l'entremise d'un bout de tissu ou de papier.

Pour clore ce propos, certes militant, mais d'un parti pris s'appuyant sur la vraie science, pas sur celle des experts Facebook, j'espère avoir apporté suffisamment d'arguments pour faire accepter que le port du masque, en temps de viroses aux conséquences potentiellement mortelles, est nécessaire et vital. Même si quelques fois, intégrer cette nouvelle habitude peut paraître contraignant, nous devons envisager un changement radical de notre paradigme sociétal. Il est temps de vivre avec le même état d'esprit que partagent les Asiatiques. Quittons notre autocentrisme et arrêtons de penser uniquement égoïstement à nous. En cas de crise majeure, qu'elle soit sanitaire, économique, communautaire ou politique, l'intérêt commun devrait toujours passer devant l'intérêt individuel.

En l'absence de connaissances plus sûres, plus complètes, plus solides, en l'absence de traitements validés, en l'absence d'un vaccin, en l'absence de certitudes sur une protection immunitaire, le masque est et restera le moyen le plus efficace pour ne plus jamais connaître un nouveau confinement aux conséquences économiques et humaines dramatiques. Un masque, juste un bête masque pour préserver notre humanité, quelles que soient les attaques virales qui ne manqueront pas de faire à nouveau trembler notre monde à la vanité si fragile.

NON AUX MASQUES !
Pamphlet.
Par Mathieu Ning, diplômé en psychologie cognitive et ingénieur d'étude en sciences humaines,

« Petits connards, mettez des masques ». Je marchais tranquillement avec un groupe d'enfants assez calme, que j'accompagnais à leur activité sportive. Nous passions devant des personnes âgées que nous avons saluées poliment en nous dirigeant vers le gymnase. Quelle ne fut pas ma stupeur de voir des enfants de 10 ans se faire insulter par des individus qui pourraient être leurs grands-parents. Ulcéré, écœuré par ce comportement, j'en ai conclu que la propagande médiatique créé un traumatisme psychologique et fracture la société. J'ai pu en avoir la confirmation quelques jours plus tard. Ma compagne s'est faite expulser d'un magasin car elle portait son masque sous le nez. Les vendeurs le portaient pourtant de manière inappropriée mais deux agents de sécurité lui sont tombés dessus et l'ont traitée comme une possible criminelle. Les personnes âgées présentes ont alors félicité les vigiles faisant preuve d'un zèle sans demi-mesure ! Ces événements amènent un mélange de tristesse et de révolte vis à vis d'une société qui perd la raison.

Ces épisodes et les clivages qui en découlent semblent exacerber les tensions. Des divisions apparaissent au sein de groupes d'amis ou de membres d'une même famille et la situation est pesante. Comment retrouver de la sérénité quand certaines villes ne proposent plus un seul mètre carré respirable. L'utilité et le bien-fondé de cette mesure draconienne peuvent être remis en question par tout individu faisant preuve d'un minimum de sens critique.

Comment sommes-nous passés du masque introuvable à la mascarade généralisée ?

Rappelons-nous que le masque était tout d'abord fortement déconseillé par le gouvernement et les spécialistes auto-proclamés. Il ne protégeait pas, et la tendance à mal le porter, selon ces experts triés sur le volet, aurait pu augmenter les contaminations. Il était totalement interdit d'en vendre sous peine d'encourir de lourdes sanctions. D'ailleurs, Sibeth Ndiaye, ancienne porte-parole du gouvernement, déclarait : « *Les Français ne pourront pas acheter de masques dans les pharmacies parce que ce n'est pas nécessaire quand on n'est pas malade* ». Par la suite, le masque était toléré, mais les individus masqués se retrouvaient catalogués comme « anxieux » par le reste de la société. Il est enfin devenu obligatoire dans les lieux clos. À partir de là, porter un masque à l'extérieur était l'apanage d'une minorité de gens apeurés par la surmédiatisation liée au COVID.

On conseillait petit à petit aux personnes fragiles de mettre le masque à l'extérieur. Et puis, un peu à la surprise générale, le masque est devenu obligatoire à l'extérieur dans de nombreuses stations balnéaires.

Les jeunes paraissaient plutôt ennuyés, alors que les personnes plus âgées trouvaient cette mesure assez logique. Ce qui devenait moins cohérent, c'est qu'à mesure que les vacances d'été se terminaient et que le nombre de malades touchés restait extrêmement faible, les lieux avec masque obligatoire s'étendaient considérablement.

D'un secteur de la ville à tout le centre-ville, du centre-ville à l'ensemble de la ville. Puis en septembre 2020, des petites communes se sont décidées à imposer cette même règle à leur population.

En quelques semaines, la situation du masque en milieu ouvert est passée de peu recommandable à indispensable pour la survie des concitoyens. Les masques faciaux se sont ensuite généralisés pour les enfants et dans certains États il a même été conseillé à la maison ! Le Canada a été jusqu'à défendre l'idée de porter le masque pendant les rapports sexuels !! Les experts devraient s'ancrer dans la réalité et ne pas imposer à la population leurs pratiques farfelues.

Ni la science, ni la morale, ne peuvent prouver une quelconque validité dans ce processus de changement social dont le masque est devenu le symbole ! Un nouveau mode de vie qui exige que nous portions tous une muselière. Les défenseurs du masque vont répéteront « *laisse faire les spécialistes, mets ton masque et tais-toi !* »
Tous les subterfuges sont utilisés pour caricaturer et décrédibiliser le mouvement anti-masque. Les médias parlent d'antisémitisme, de sectes, de néo nazisme et de complotisme. Pourtant, des centaines de milliers de personnes, à Berlin ou à Londres le 29 Août 2020, ont manifesté leur désaccord vis-à-vis de cette obligation injustifiée.
Si certains supportent assez bien le masque, pour d'autres il s'avère réellement contraignant. Les interactions sociales sont totalement bouleversées et la cohésion sociale menacée. Le masque couvre notre voix, il étouffe nos mots et notre réflexion. Le masqué est privé d'expression faciale. Finis les sourires de la vendeuse au supermarché, les mimiques espiègles de votre meilleur ami, vous faite face à un robot sans âme ! Notre rapport à l'autre est transformé.
Quel avenir se prépare pour nos enfants ? Un nouveau monde autoritaire, déshumanisé en dehors de toute éthique. Vous remarquez constamment les chiens de garde de la dictature « en marche » essayer de vous culpabiliser : « *pensez-vous aux personnes âgées, aux personnes fragiles, à vos parents ou vos grands-parents ?* ». Mais pensent-ils à ce qu'ils vont laisser à leurs enfants et leurs petits enfants ? Réfléchissent-ils aux conséquences sur le long terme de cette nouvelle réalité ?
Des policiers armés dans les bus ou devant les écoles pour faire respecter le port du masque ou encore l'exclusion de collégiens ayant porté le masque sous le nez dès la première semaine de

cours, ne sont-ils pas les signes évidents de dérives autoritaires extrêmement inquiétantes ? Certains enseignants osent déclarer à des élèves portant le masque sous le nez qu'ils veulent « tuer leurs grands-parents ». J'ai le plus grand mal à accepter ce qu'on fait subir à cette génération d'enfants et d'adolescents qui je l'espère viendront demander des comptes aux adultes passifs qui ferment les yeux.

Les esprits rigides vous accuseront de ne pas prendre soin de vos enfants. Ils vous accableront de tous les mots si vous n'adhérez pas au « COVID orwellien » et toutes ses règles indiscutables. Un adulte doit effectivement protéger ses enfants autant que possible. Mais leur surprotection inappropriée entraîne des conséquences psychologiques néfastes pour leur développement. Ils ne vivront pas plus heureux, plus longtemps et en meilleure santé avec une protection faciale. Des adolescents doivent porter le masque 15 heures par jour en internat, et ceci même dans leur chambre, n'obtenant le droit de s'en dispenser que dans leur lit. Une telle sévérité est-elle dans l'intérêt de l'enfant ? Croyez-vous sincèrement que si l'adolescent quitte 5 minutes sa protection faciale, il se rendra responsable d'un décès ou d'une surcharge hospitalière ? En réalité, certaines instances n'ont pas réellement peur de la mort des adolescents mais la crainte de devoir fermer un collège ou un lycée est présente. Les responsables d'établissements scolaires se montrent sans empathie ni flexibilité par peur de la sanction. Que sont devenus les professeurs râleurs et régulièrement en grève pour se plaindre des réformes de leur ministre ? Les instituteurs n'ont pas le droit de retirer leur masque de la journée. Ils semblent résignés, pour la majorité d'entre eux, à suivre les instructions incohérentes de leur ministère et à porter le masque continuellement, tout en admettant la pénibilité de la situation.

Fort désagréable à supporter, le masque va entraîner d'innombrables conséquences négatives sur les plans psychiques, sociaux et cognitifs.

Ainsi, les émotions passent par les mouvements du visage, les expressions faciales jouant un grand rôle de communication non verbale. Le port du masque vient entraver le partage émotionnel qui lie deux individus, nous perdons alors des indications essentielles sur ce que ressent l'autre. C'est d'autant plus dommageable, quand votre boutchou préféré voit son développement cognitif altéré et son bien-être psychologique diminué à cause d'un masque en papier qui ne filtre rien ou si peu, le risque étant déjà pratiquement inexistant pour lui. Les fans du masque en oublient presque le bien-être de leur enfant. On se croirait dans « L'Armée des 12 Singes », sauf que la majeure partie de l'humanité a bien été dévastée au début du film. Le défenseur du masque vit dans un monde apocalyptique, victime d'une guerre nucléaire dont il a une chance de se sauver, grâce à son bout de papier magique !

Alors oui, pour certains le masque rassure. Avec une propagande qui martèle qu'un individu sans masque peut vous tuer, le français qui écoute les informations en boucle, placera précipitamment son masque sur le visage pour se sentir en sécurité.

Mais faites l'expérience, mettez des enfants dans un groupe plus laxiste et moins contraignant vis-à-vis de ces mesures « distanciation - lavage de mains - masque ». Vous pouvez être sûr qu'ils oublieront assez vite les nouvelles normes et retrouveront leur innocence. Ils n'ont pas vu de malades graves ni de morts à tous les coins de rue. Dans de nombreuses régions, aucune surmortalité n'est à déplorer. La seule cause de stress possible se résume au discours qu'on leur répète à longueur de journée et absolument pas à une vision atroce de leur quotidien.

En revanche, on peut sincèrement penser que les masques généralisés participent à l'instauration, sur le long terme, d'une ambiance angoissante pour l'enfant. On lui fait donc comprendre que le danger mortel « COVID 1984 » se situe en tout endroit de la planète et que chaque individu est par principe une possible menace pour sa survie. Celui qui ne porte pas de masques est caricaturé à l'extrême et montré du doigt, tel un être narcissique qui se moque de la santé des autres.

Les aficionados de la protection faciale veulent le rendre obligatoire dès le plus jeune âge. Des médecins complices ont commencé par militer pour le port du masque à 6 ans. Il n'existe aucune preuve scientifique que le virus se transmet entre eux et la probabilité que l'un d'eux meurt du SARS-COV2 est quasi nulle. Nous savons que les cas d'enfants touchés, ont été contaminés par des adultes et n'ont pas de complications sérieuses.

Nous ne sommes pas dans une volonté sanitaire mais dans une nouvelle religion qui affecte le bien-être de l'enfant. Nicole Delépine, ancienne chef de service en cancérologie pédiatrique à Paris, pense que le port du masque pour des enfants s'apparente à de la maltraitance. Certains adolescents n'osent plus prendre la parole en milieu scolaire, cette situation pouvant conduire à un isolement total. L'impact psychologique du port du masque provoquera un renfermement sur soi de certaines personnalités. Alors même que d'autres ne vont plus ressentir de barrières à leurs comportements réprimables. Ainsi, Miller et Roweld en 1979, dans « Hallowen Mask and Deindividuation », ont démontré que le port du masque s'accompagne d'une diminution des inhibitions comportementales. Avec un masque, certains individus retiennent difficilement leur pulsion et ce risque ne concerne pas seulement les enfants. On pourrait donc légitimement s'inquiéter de ce fait, d'autant que le climat anxiogène a déjà tendance à irriter une partie de la population.

Les professeurs, quant à eux, se fatiguent plus vite, font attention à bien articuler et doivent répéter sans cesse quand leur voix ne porte pas assez. Finies la pédagogie et l'enseignement de qualité dans ce contexte éreintant et stressant. L'enfant des fans du masque arrive donc chez lui épuisé en rentrant de l'école avec la sensation encore sur son visage. Cet objet d'aliénation est pour lui clairement inconfortable et entraîne une baisse des capacités de concentration.

Et nous ne parlons pas des enfants avec troubles psychiques ou handicaps mentaux. Les jeunes autistes vont ressentir une gêne constante mais aussi être impressionnés vis-à-vis des autres masqués. Le masque peut également interférer avec leurs TOC (troubles obsessionnels compulsifs) au niveau du visage ! Le port du masque risque de porter atteinte aux dépressifs, aux personnes souffrant d'anxiété généralisée, d'attaques de paniques ou de phobies. Lors de thérapies cognitives comportementales, les patients apprennent à contrôler leur respiration pour faire face aux crises d'angoisses. Le masque gêne la respiration et la régulation de l'angoisse.

Quant aux personnes âgées en EHPAD, et surtout celles atteintes de démence, elles vont voir leur communication non verbale entravée. Le rapport avec le personnel médical risque d'être fortement impacté. La voix des soignants va être légèrement modifiée, voire étouffée par le masque. Et à moins d'en utiliser des transparents, les seniors ne pourront pas lire sur les lèvres.

On a fait croire aux personnes âgées qu'elles pouvaient mourir à chaque instant d'une maladie qui risque de terrasser l'humanité. Ces mêmes « anciens », témoins des bouleversements rapides de la société depuis 50 ans, qu'on aurait crus résistants à un monde transformé et liberticide, sont devenus pour une grande partie anxieux et apeurés.

Le masque va gêner la bonne pratique de la profession des soignants, mais c'est aussi le cas pour une grande majorité des corporations. Cette nouvelle mesure apporte une perte financière significative aux sociétés et aux institutions. Elle entraîne une usure physique et psychologique dans les entreprises et installe un climat désagréable entre les employés. Certains employeurs menacent de licencier leurs salariés quand ils osent le porter sous le nez. On peut noter qu'il s'agit souvent de grosses firmes complices de ce nouveau paradigme mondial mis en place. Imaginez bien la nouvelle normalité : vous perdez votre emploi car vous portez quelques minutes un masque de manière inappropriée !!

À cause de cette nouvelle obligation, vous voyez de nombreuses personnes ne plus s'inscrire dans leur activité favorite, les clubs associatifs étant impactés en termes d'adhérents et de finances. Les gens préfèrent abandonner leur passion plutôt que de devoir porter le masque au cours de leur passe-temps ou à chaque interruption de jeu. Ils trouvent d'ailleurs les mesures incohérentes pour les activités sportives. En même temps, les épisodes qui rythment maintenant notre quotidien sont dépourvus de logique. Au restaurant, vous touchez votre masque sans attention, vous le mettez pour rentrer avant de l'ôter à table. Vous le replacez sur le visage pour aller aux toilettes et pour payer et finissez par l'enlever sans aucune vigilance dans la voiture.

Ce masque devient un bouillon de culture pour la plupart des individus. En effet, si vous n'avez pas un gros budget masques ou si vous n'y portez pas trop attention, ils se remplissent de pathogènes variés. La porosité des masques entraîne une accumulation des germes sur leur face externe. La prolifération de micro-organisme est un problème inquiétant. Le professeur Debré explique que le port des masques aggrave la contamination ! Il argumente ainsi : « *L'air, une fois expiré, est réchauffé, humidifié et chargé de CO_2. Il devient un milieu de culture parfait pour les agents infectieux (bactéries, champignons, virus)* ». Le docteur Bellier, pneumologue, donnait également son point de vue en direct sur LCI. Il expliquait qu'au bout de quelques heures, un masque se remplit de germes variés et admettait la possibilité que des épidémies de méningites ou de pneumopathies fassent leur apparition.

Nous pouvons également nous inquiéter des conséquences dues à la respiration de fibres d'un masque dégradée après de nombreux lavages. Il reste donc la solution de s'équiper de masques de qualités, et d'en changer toutes les 3 heures, mais cela représente un budget conséquent pour le français moyen. Et qu'en est-il du fait de respirer 8 heures par jour, 5 jours sur 7, des substances potentiellement toxiques émanant des masques ?

Vous trouverez toujours dans votre cercle d'amis ou au sein de votre famille, un adorateur des mesures gouvernementales. Il vous exprimera avec véhémence, qu'il supporte le masque toute la journée depuis des mois et que vous pouvez bien en faire de même. Cependant, il vous glissera par mégarde qu'il est victime de maux de tête. Ce n'est pas un secret, l'utilisation prolongée du masque provoque des céphalées. Cela a été confirmé à la suite d'une étude de « Ong et al » en 2020 auprès du personnel hospitalier. Il peut conduire à des étourdissements, un manque d'oxygénation du corps et surtout du cerveau. N'oublions pas que l'on inspire son dioxyde de carbone rejeté continuellement avec le masque. Le docteur Rashid Buttar explique que le masque provoque un stress chronique affaiblissant le système immunitaire. On porte le masque pour faire du vélo, son footing, pour un travail physique, dans des lieux clos ou l'air n'est pas toujours bien respirable, parfois sous une chaleur de plomb. Et les urgences voient arriver des personnes souffrant de malaise. Le masque peut poser des soucis aux asthmatiques et aux victimes d'un traumatisme facial. Porté pendant de longues périodes ou en cas d'activité physique, il peut provoquer des vertiges, de la fatigue ainsi qu'une faiblesse musculaire. Il faut savoir que 3 enfants sont morts en Chine en cours d'EPS à cause du port du masque. Alors voir des personnes faire leur jogging ou du vélo de manière intense, avec le masque, n'est pas anodin !

Le masque créé un environnement humide et irritant, occasionnant la prolifération de boutons sur toutes les zones de contact du visage. Les lésions cutanées, des allergies ou encore des furonculoses sont aussi à déplorer ! Les médecins remarquent une augmentation des impétigos, des streptocoques ainsi que des crises d'herpès. On entend même parler de conjonctivites en nette hausse à cause de l'air rejeté vers les yeux. Le port du masque pourrait provoquer de graves dégâts au niveau du larynx pour les enseignants, selon le professeur Desuter, laryngologue à Bruxelles. Il insiste sur « la fatigue professionnelle et de hauts risques de lésions traumatiques des cordes vocales. Au déficit respiratoire, répondra une compensation par forçage laryngé créant hémorragies, polypes et nodules ».

Les dentistes commencent, eux aussi, à tirer la sonnette d'alarme. Les masques pourraient avoir une incidence sur notre hygiène dentaire en entraînant l'assèchement de la bouche, ce qui accroît le risque de carie et de mauvaise haleine. Le docteur Rob Ramondi exprime l'idée que le fait de respirer par la bouche avec le masque provoque une diminution de la salive et un accroissement des bactéries dans la bouche. Ces bactéries amènent des pathologies parodontales qui elles-mêmes peuvent occasionner des AVC ou des crises cardiaques !

L'OMS (organisation mondiale de la santé) pointe un autre problème : celui de la gestion des déchets. Les masques usagés provoquent un risque de contamination de pathogènes variés ainsi que des conséquences négatives pour l'environnement.

Le port masque généralisé risque donc de s'accompagner de nombreuses conséquences négatives sur les plans individuels et collectifs à court et à long terme. "*Mais il faut bien faire quelque chose avec tous ces morts*" répètent inlassablement certains Français, victimes d'une confiance aveugle envers les instances gouvernementales et médiatiques.

En considérant que la grippe n'a pas été miraculeusement éradiquée, avec ses 10 à 15 000 morts annuels, le nombre de décès du SARS-COV2 est par conséquent bien inférieur à celui admis officiellement. Il a également été démontré qu'une grande partie des décès classés COVID souffraient d'autres pathologies et n'ont même pas été testés (en admettant le manque de fiabilité PCR). On peut ajouter que le scandale du Rivotril est à corréler avec la surmortalité en EHPAD. Un décret du 29 mars autorise les médecins à injecter un produit sédatif permettant une mort douce sans les souffrances de la détresse respiratoire. Le docteur en pharmacie Serge Rader témoigne « *on achève nos personnes âgées dans les Ehpad par sédation au Rivotril* ».

Ensuite, il était tout à fait possible de traiter des malades avec l'azythromicine ou l'hydroxychloroquine et éviter de les mettre systématiquement sous respirateurs quand cela n'était pas nécessaire. Comme le disait très justement le professeur Di.dier Raoult : "*Il y a 4,5 milliards de personnes dans le monde qui vivent dans des pays où l'hydroxychloroquine est recommandée pour le traitement du Covid*". L'IHU de Marseille a montré d'excellents résultats avec ce traitement et un protocole rigoureux.

Concernant l'azythromicine, un antibiotique de la famille des macrolides, plusieurs médecins ont vu leurs patients se rétablir rapidement à l'aide de ce médicament. Associé au zinc, il démontrerait un rôle anti-inflammatoire au niveau pulmonaire.

Enfin, il aurait été judicieux de faire un lien avec l'hôpital privé au plus tôt de l'épidémie et de favoriser une meilleure organisation hospitalière. Après avoir divisé par trois le nombre de lits de réanimation, pourquoi diriger tous les malades dans quelques hôpitaux alors que d'autres centres hospitaliers étaient totalement vides ? Je n'invente rien, de nombreux professionnels de la santé ont dénoncé ces erreurs manifestes dans la gestion de la crise pendant le confinement. L'incidence du Covid-19 sur la mortalité annuelle est faible et aurait dû être encore fortement diminuée.

Le décompte angoissant du nombre de mort laissait place par la suite, à la surmédiatisation du nombre de cas positifs ! Il n'a plus été possible de faire référence à l'engorgement des hôpitaux, à la saturation des urgences pendant l'été. L'augmentation constante du nombre de tests effectués a entraîné une hausse continuelle du nombre de « cas ». Même si les testés étaient à 93 % négatifs et les tests positifs comprenaient plus de 90 % de formes asymptomatiques, l'obligation de porter le masque a pu être mise en place. Le professeur Toussaint, directeur de l'institut de recherche biomédicale et d'épidémiologie du sport estimait que l'augmentation du nombre de cas, due à l'accentuation du nombre de tests faisait l'objet d'une insistance trop lourde !

On peut déduire logiquement deux possibilités suite à cette saga des tests : soit les « PCR » s'avèrent peu fiables, ceci entraînant une exagération des cas, soit les tests sont justes mais le COVID 19 est devenu moins violent pour les contaminés. Une dernière possibilité serait une association des deux hypothèses.

En estimant que les tests sont sûrs avec des cas positifs présentant des formes asymptomatiques de la maladie, on conclut que le taux de létalité et de complications est extrêmement faible. On nous a pourtant répété qu'il fallait une immunisation collective. Si des millions de Français sont malades sans symptômes, nous sommes devant la fabuleuse immunisation de la population. Nous n'avons donc pas besoin de masques ! Et même si les autorités médicales finissent par douter d'une immunisation possible, l'idée que le virus soit majoritairement asymptomatique devrait être considérée comme nouvelle rassurante. Le professeur Raoult juge d'ailleurs que le COVID a fortement muté, sa dangerosité faiblissant dès le mois de mai de 2020.

Si les tests sont peu fiables, le nombre de cas est forcément surévalué. J'ai personnellement très vite douté de la justesse des tests

PCR vu le nombre de personnes signalant avoir été d'abord positives avant d'être retestées négatives dans la foulée ou inversement.

La preuve officielle a été apportée par David Mendels, directeur technique de X rapid, société chargée de vérifier la fiabilité des tests COVID. Il a ainsi expliqué que sur les 11 tests sur lesquels il a travaillé, un seul a passé les critères de spécificité et sensibilité !! Le ministère a même homologué des tests très peu fiables et refusé l'homologation de tests acceptables ! Lui aussi se demande comment les instances médicales ont pu à ce point être incompétentes et favoriser certains laboratoires puissants. Ceci est un scandale extraordinaire dont personne ne parle.

On peut de ce fait, être infecté par le SARS-COV2 et se retrouver négatif au test mais également être détecté positif sans être atteint par la maladie. La probabilité d'avoir des faux positifs est très importante. Même avec 95 % de fiabilité, un million de tests amènera 50 000 erreurs de dépistage, c'est énorme ! Comme l'expliquent les professeurs Perronne ou Toubiana, tester massivement n'importe comment des populations de personnes sans symptômes, en fin d'épidémie, n'a aucune validité médicale et entraîne un alarmisme inadapté. Lionel Barraud, président des Jeunes Biologistes Médicaux, va dans le même sens. Il estime que les tests et les masques doivent être ciblés. Il ajoute qu'il n'est pas conseillé de réaliser des tests massifs sur des personnes en bonne santé en épidémiologie. Une pandémie tient compte des morts, des malades et des complications possibles et pas seulement des cas positifs. Ajoutons qu'en Suède, 3 700 résultats se sont avérés de faux positifs à cause d'un kit de tests défectueux. Nous pouvons ainsi douter de la réalité de certains clusters. Le professeur Mina, épidémiologiste à Harvard, précise que les tests standards diagnostiquent un grand nombre de personnes qui peuvent être porteuses de quantité insignifiantes de virus.

Avec une méthodologie erronée comme celle-là, une seconde vague apparaîtra forcément. Les virus divers et infections respiratoires sont plus prononcés à certaines périodes. Lors d'un épisode épidémique de rhumes, grippes ou autres, on testera les patients présentant des symptômes similaires au COVID. Il sera donc bien difficile de déterminer s'il s'agit du COVID, de la grippe ou d'autres pathologies exprimant des signes cliniques communs. On viendra alors voir les anti-masques en leur clamant que tout est de leur faute car ils refusent d'appliquer les gestes barrières.

D'ailleurs, concernant la légère augmentation des hospitalisés de septembre, Emma Khan, biologiste à l'INSERM, juge que les tests ont une sensibilité trop élevée. Les patients hospitalisés pour d'autres pathologies étant testés à l'hôpital sont considérés « hospitalisés pour COVID ». Avec des tests massifs mal calibrés, le virus a pu exister virtuellement de manière ininterrompue, ce qui a amené certains spécialistes à expliquer que le COVID 19 n'était finalement pas saisonnier et qu'il fallait porter des masques l'été.

Pourtant les maladies virales de type coronavirus deviennent contagieuses pour la plupart en fonction du taux d'humidité dans l'air. Les scientifiques ont longtemps pensé que c'était le cas pour le SARS-COV2 avant de revenir sur leur position suite aux cas positifs pendant l'été. C'est ce qu'ont confirmé trois études récentes dont celle de Michael Ward en 2020 en Australie. L'air sec engendre des aérosols plus petits qui restent alors plus longtemps dans l'air. Casanova, Jeon et al, ont prouvé en 2010, que les coronavirus étaient bien moins virulents avec une humidité modérée comparativement à une humidité forte ou faible. Le professeur Raoult et toute son équipe de Marseille démontrent que les courbent de mortalité dans le monde suivent bien un processus saisonnier. Pour le docteur Pascal Sacré, anesthésiste-réanimateur, l'obligation du port du masque au moment où l'épidémie est au plus bas est un non-sens scientifique et médical.

On peut se demander en revanche, si en pleine épidémie, le masque montre une réelle efficacité.
À première vue, la réponse paraît évidente et unanime au sein de la communauté scientifique. Des professeurs et des médecins nous expliquent que le fait de ne pas en porter est irresponsable. Ces mêmes professeurs qui nous affirmaient avec véhémence, peu de temps auparavant, que le port du masque pour les asymptomatiques ne servait à rien et que mal ajusté, il perdait sa capacité de protection. Ces experts qui nous garantissaient que le masque à l'extérieur n'était pas souhaitable. Mais ces grands médecins s'expriment bien, ils changent d'avis comme de chemise en fonction des ordres gouvernementaux. Le plus inquiétant, c'est qu'une partie du milieu médical serait prêt à favoriser le masque à vie et pour toujours.

Pourtant, les Pays Bas ont récemment décidé d'abandonner l'obligation du port du masque et les autorités Suédoises ne le recommandent pas. En Belgique, il a été décidé que le masque ne serait plus obligatoire en milieu ouvert dès le premier Octobre 2020. En France, des microbiologistes nous expliquent que les masques artisanaux, chirurgicaux FFP et même FFP2 ne protègent pas ou mal. L'argument principal se situe au niveau de la taille des particules infectieuses des virus de type coronavirus, bien trop mince pour la plupart des masques utilisés. L'OMS a longtemps expliqué que les masques devaient être utilisés quand les distances sociales n'étaient pas respectées. Aujourd'hui, on vous met un plexiglas dans votre bureau, en plus de votre masque et des distances sociales. On montrait du doigt les risques liés aux éternuements et aux grosses gouttelettes de virus, puis les instances ont plutôt souligné le danger de micro-particules aérosols. De nombreux biologistes expliquent que ces particules passent à travers le maillage des masques. Imaginez que vous installez un grillage pour empêcher les insectes de rentrer dans votre jardin, les insectes passeront sans soucis. La probabilité de limiter les risques est trop faible.

Une étude en Corée du Sud a montré que les masques en coton et chirurgicaux ne filtraient pas efficacement le COVID lors de la toux de patients infectés. Les experts favorisant la protection faciale s'appuient sur l'hypothèse que les masques aimanteraient les particules de virus ! Qu'en est-il de la respiration continue de ces pathogènes ? Nous pouvons également nous demander si ces particules ne s'évaporent pas après s'être déposées sur le masque. Le docteur Anders Tegnell pense que le virus pourrait se concentrer dans le masque puis se propager par manipulation.

Jacobs et al. prouvent en 2019, que les travailleurs ne présentaient pas d'avantages significatifs à utiliser des masques faciaux concernant le rhume. Bin Reza et al (2012), ont effectué une méta analyse regroupant 17 études sur le sujet « *the use of masks and respirators to prevent transmission of influenza : asystematic review of the scientific evidence* ». Ils ne trouvent aucune relation entre l'utilisation des masques et la protection contre la grippe. Nicolas Dugré et ses collaborateurs arrivent à la même conclusion concernant le grand public en dehors de la maison.

De nombreuses recherches démontrent la même chose pour des bactéries, les masques chirurgicaux seraient ainsi inutiles selon l'étude de Lahme en 2001. Même résultats pour l'étude de Lipp et Edwards en 2014. En ce qui concerne la contamination infectieuse d'une manière générale, Da Zhou et al. (2015) ne trouvent pas significativement de différences entre masqué et non masqué. Klompass et al. dans « *mass masking in hospitals in the COVID 19 era* » en 2020, considèrent que le risque de transmission du COVID lors d'une interaction passagère dans un espace public est minimal ! Seul des masques N95, norme proche du FFP2, proposerait une protection importante contre les particules aérosols. Mais là encore, certaines études scientifiques n'indiquent pas de différences réelles entre les types de masques. Les défenseurs du masque font constamment référence aux chirurgiens et aux blocs opératoires mais le docteur Steven Grundry, chirurgien cardiaque, rappelle que le rôle du masque est d'empêcher les bactéries de pénétrer les plaies et non de filtrer les virus.

Face aux personnes refusant de porter le masque, les instances médicales ont opté pour mettre en avant l'intérêt de protéger les autres et pas seulement soi. Là encore, des travaux scientifiques indiquent que la protection est possible mais pas clairement démontrée, pendant que d'autres concluent à une défense partielle contre la contamination. Ce qu'il faut retenir, c'est qu'un masque usé ou mal porté perd de son efficacité. Macintyre et ses collaborateurs en 2020 résument ainsi : « Les recommandations de l'OMS et des CDC américains se montrent contradictoires sur la question des masques. Cette discordance reflète des preuves incertaines et une absence de consensus sur le mode de transmission du SARS-COV2 ». Le professeur Denis Rancourt, après analyse des expériences scientifiques dans le domaine, pense que le masque chirurgical n'est pas utile contre l'inhalation de petites particules en suspension dans l'air et que son utilisation aurait été plus cohérente au moment où l'on pensait que la propagation se faisait par grosses gouttelettes. Et concernant le masque en extérieur, le professeur Jean-François Toussaint expliquait sur RFI que l'OMS ne trouve aucun argument scientifique pour en accréditer l'obligation. Pour lui, les décisions et les recommandations du conseil scientifique sont totalement incohérentes. Le docteur Michel Cabbré souligne « *que le port du masque ne s'appuie sur aucune expérience passée, sur aucune expérience scientifique* ». Le docteur Fouché, anesthésiste-réanimateur, présente le masque comme une imposture.

Les défenseurs du masque répètent que le principe de précaution est appliqué. Alors pourquoi le principe de précaution n'est pas utilisé contre d'innombrables substances toxiques tolérées par nos instances sanitaires et responsables de milliers de cancers chaque année ?

De plus, si l'État voulait lutter contre une infection qui risquait de briser l'économie du pays, détruire la stabilité de la nation, de mettre en danger l'ensemble de la population, ne donnerait-elle pas des masques à tous les ménages si ceux-ci protégeaient d'une manière certaine ?

Ne s'assurerait-elle pas que tout le monde dispose de masques de qualité ? Il faut savoir que le masque public ne respecte pas de norme de fabrication précise. L'État s'assure que vous soyez masqué mais pas que vous soyez protégé !

Le masque ne protège peut-être pas mais s'avère très lucratif. On a pu remarquer avec effarement que certains pharmaciens se retrouvaient traduits en justice pour avoir vendu des masques pendant le confinement. En revanche, à la fin de l'épidémie, la grande distribution s'est retrouvée miraculeusement avec d'incroyables stocks vendus à prix d'or. Le masque est devenu un business pour les grandes surfaces, générant un chiffre d'affaires de 300 millions d'euros en moins de 4 mois. Les marques reconnues et les stars se sont mises également à en faire la promotion en temps qu'objet de mode. Lady Gaga a ainsi porté toute une panoplie de masques allant même jusqu'à chanter avec un masque « design » !

La société R-PUR a pu multiplier par trois ses ventes de masques connectés avoisinant les 150 euros. Les jeunes portent les masques de leur club de badminton local ou de leur club de football préféré. Il ne s'agit donc plus de protéger les autres mais de prendre part à nouveau standard social qui fait partie d'un conglomérat de mesures stupides.

Si vous pointez du doigt l'atteinte à votre liberté, on vous expliquera que c'était la même hystérie après l'annonce de l'obligation de ceinture de sécurité et qu'au final ça ne demande pas un effort conséquent. Comparer un changement aussi radical de la société avec le port de la ceinture de sécurité est fallacieux et dépourvu de bon sens ! Si on limitait la vitesse à 50 km/h partout, tout le temps, à cause d'accidentés de la route, les citoyens se demanderaient si leur gouvernement est bien sain d'esprit. En présentant les choses de cette manière à un acharné du masque, il répondra certainement à côté mais pourrait quand même être interloqué. On lui ferait remarquer que ça poserait de gros soucis, freinerait toute notre société, ralentirait l'économie sans réelle justification. Mais de toute façon, vu l'état d'obéissance aveugle de la population française, le citoyen français finirait par se faire à l'idée et respecterait ses 50 km/h partout, avec les radars pour l'aider. Si on vous obligeait à porter un manteau toute l'année, peu importe la température, même en plein été, le feriez-vous ? Vous en conviendrez que porter le masque tout le temps, partout, jusqu'à durée indéterminée et pour tout le monde est absurde.

Alors quelle est la cause réelle de cette mascarade accompagnée d'une propagande de peur ? Il faut de se référer aux discours de l'OMS ainsi qu'à celui de nos dirigeants pour comprendre la situation. Ceux-ci nous ont rabâchés : « *pas de retour à la normale sans vaccins* ». On vous rend la vie insupportable jusqu'à ce que vous soyez vacciné. L'objectif n'est pas de discuter de l'utilité ou non d'une vaccination de masse pour ce virus mais de démontrer que le gouvernement met tout en œuvre pour vous amener à la vaccination. Aujourd'hui, vous n'êtes pas masqué, vous ne pouvez pas travailler ; et demain il faudra être vacciné ! Vous ne pouvez plus aller faire vos courses, votre activité favorite, vous êtes rejeté de la société. Pire vous êtes fliqué et vous pouvez être arrêté et recevoir une amende, voire des peines de prison.

On veut nous imposer cette contrainte pour une maladie qui a provoqué une surmortalité dans quelques régions du pays, seulement en l'espace d'un mois, avec une moyenne d'âge de 84 ans pour des personnes qui dans 90 % des cas avaient une pathologie associée. En Australie, nous voyons des personnes âgées assises dans des parcs se faire arrêter et emmener au poste de police pour non-port du masque. Des drones sont également présents pour surveiller cette obligation et le respect des distances entre individus. Au Canada, une famille s'est fait expulser d'un avion de WestJet parce que leur bébé de 19 mois ne portait pas de masque facial. La compagnie a également annulé le vol et évacué tous les passagers de l'avion. Le site internet de la société signalait pourtant que les enfants de moins de 2 ans ne devaient pas en porter. On ajoutera que des femmes et des adolescents ont été interpellés de façon violente parce qu'ils ne portaient pas leur masque convenablement.

Est-ce le fameux meilleur des mondes d'Aldous Huxley qui se met en place ? Les anti-masques sont les derniers résistants d'un nouvel ordre social qui fixe de nouvelles lois pour des individus dispensés de réfléchir par eux-mêmes. Il faut se soumettre à la tyrannie pour le bien de la société, peu importent les sacrifices qu'elle implique.

La liberté est usurpée contre une illusion de santé et de sécurité. Nous pourrions très bien trouver un équilibre entre ces différents paradigmes. Nous savons aussi que l'État n'applique pas le principe de précaution concernant la surexposition aux ondes électromagnétiques, aux OGM, aux pesticides ou encore à d'innombrables substances neurotoxiques.

Remarquez que ceux qui exigent de vous que vous supportiez le masque en plein air s'en trouvent exemptés sur les plateaux TV. D'ailleurs, les quelques professeurs ou médecins courageux, qui ont osé le faire remarquer en plein direct, se sont vus accablés de procédés manipulateurs. Les grands spécialistes se sont sentis défiés. Systématiquement, ces milices du gouvernement s'offusquent dès que vous leur ferez remarquer qu'ils ne se plient pas aux règles qu'ils défendent sans faiblir. Vous entendrez même certains professionnels de la santé, nous préciser qu'un plateau de télévision est moins sujet à contamination qu'un espace ouvert en plein milieu d'une forêt. Ils utiliseront toujours les mêmes procédés et répliques pleins de suffisances : « *Êtes-vous pour ou contre au final, nous ne comprenons plus…, êtes-vous venus pour combattre le droit d'enlever les masques ou pour nous demander de les mettre ?* ». Oh bas peuple soumets-toi aux règles ! Ne demande pas à l'élite de respecter ces mêmes devoirs. Remarquez tous ces maires qui agrandissent les périmètres avec masques obligatoires dans leurs villes et qui osent se promener partout en s'en dédouanant.

D'ailleurs, la vidéo montrant Emmanuel Macron s'étouffant avec son masque est une illustration parfaite. Notre président se montrant intraitable avec le masque, ne le supporte pas quelques heures lors d'un discours, demandant à le changer pour un autre, plus respirable. Remarquez qu'il ne prend aucune précaution en l'enlevant et le manipulant et ne prête guère attention à la qualité du masque. Il ne semble pas vraiment inquiet car il s'agit vraisemblablement de jouer sur les apparences.

Le maintien du masque sur le visage crée un rituel d'obéissance, vous mettez un masque pour être accepté dans une société de mensonge et on ne vous demande pas votre avis. Si vous n'osez pas lutter contre la propagande du masque en tant qu'outil de contrôle social et de dépersonnalisation, le gouvernement et les instances complices n'hésiteront pas à accentuer les mesures autoritaires. N'oublions pas la phrase de notre Ministre de la santé, Olivier Véran « *le virus circule moins vite, mais il circule quand même, et il circule malgré tout de plus en plus rapidement* ». Nous voilà rassurés par nos élites.

De l'étincelle liée au frottement des esprits nait l'intelligence ! La collection versus réveille le débat littéraire. Elle éclaire le lecteur en lui donnant non pas un point de vue mais deux points de vue opposés. S'affrontent par la plume, deux auteurs, ayant des points de vue divergents voire opposés, sur des sujets de société au sens large du terme. Et surtout des sujets qui font la une de l'actualité.

Collection dirigée par Yoann Laurent-Rouault

Découvrez les autres collections de JDH Éditions

Magnitudes
Drôles de pages
Uppercut
Nouvelles pages
Les collectifs de JDH Éditions
My feel good
Romance Addict
Les Atemporels
Quadrato
Baraka
Les Pros de l'éco

Suivez **JDH Éditions** sur les réseaux sociaux
pour en savoir plus sur les auteurs,
les nouveautés, les projets…

L'Édredon
La revue littéraire de JDH Éditions

Venez découvrir les textes de la revue